D1718094

Angelika Kutsch

Billi möcht gern Pferde streicheln

Bilder von Karin von Eickstedt

„Sind wir bald da?" fragt Billi.
„Noch nicht, Liebling", sagt Mama.
Billi kann es nicht leiden, dieses „noch
nicht". Das sagen die Erwachsenen oft,
wenn sie keine
richtige Antwort
wissen.
Mit dem Urlaub
war es genauso.
„Dieses Jahr
fahren wir auf
einen Pferdehof",
hat Papa eines
Tages verkündet,
und Billi hat einen
Luftsprung gemacht
vor Freude. Pferde
sind nämlich
ihre Lieblingstiere.

„Wann fahren wir?" hat sie sofort gefragt.
„Noch nicht . . ."
Das ist so weit weg gewesen! Aber mit der
Zeit ist es näher gerückt. Als Billi das
nächstemal fragte, hieß es „in einem
Monat", dann „in drei Wochen", „in vier
Tagen", „noch zweimal schlafen". Und
schließlich sagte Papa:
„Morgen ist es soweit."

7

Heute morgen haben sie die Koffer und die
Kühltasche mit den Butterbroten für die
Reise ins Auto gepackt und sind ganz
früh losgefahren.

Aber wie lange sind sie nun schon unterwegs! Die Butterbrote sind aufgegessen, der Saft ist ausgetrunken. Und wieso wissen Mama und Papa nicht, wann sie da sind? Sie haben die Zeit bestimmt, wann sie abfahren. Sie haben doch ganz genau ausgerechnet, wie viele Kilometer es bis zum Pferdehof sind. Sie müßten es wirklich wissen!

Mama hat eine Straßenkarte auf dem
Schoß und sagt Papa, wie er fahren soll,
rechts, links, geradeaus. „Jetzt", sagt Mama,
„jetzt müssen wir gleich da sein!" Sie ist
ganz aufgeregt.

„Tatsächlich!" ruft Papa. „Dort, schaut mal!"
Er zeigt auf ein Pferd am Straßenrand.
„Das ist ja nur aus Holz", sagt Billi.

Papa pfeift und biegt in den baumbestan-
denen Weg ein, auf den das Holzpferd
zeigt. Und bald darauf hält das Auto auf
einem großen Platz. Er ist von flachen
Häusern umgeben.

Papa hilft Billi beim Aussteigen. Dann
breitet er die Arme aus und sagt:
„Willkommen auf dem Pferdehof!"
Billi schaut sich um. „Ich seh keine Pferde,
bloß Autos und blöde Häuser." Sie schnup-
pert. „Es riecht nicht mal nach Pferd."

„Es ist eben ein besonders feiner Pferdehof",
sagt Papa. „Da stinkt es nicht." Er holt die
Koffer aus dem Auto.
„Ich will zu den Pferden", sagt Billi.
„Noch nicht, Kind", sagt Mama. „Erst
müssen wir uns anmelden." Sie geht auf
eine große blinkende Glastür zu.

„Hier ist es ja wie in einem Hotel", sagt Billi enttäuscht, als sie in die Halle kommen. Billi weiß, wie es in einem Hotel ist. Letztes Jahr ist sie mit Mama und Papa in einem Hotel am Mittelmeer gewesen. „Lauter fremde Menschen!"

Papa lacht. „Ja, hast du gedacht, in der Halle steht ein Pferd? Da, schau dir solange die Pferdebilder an der Wand an, bis wir alles erledigt haben."
Pferdebilder hat Billi genug zu Hause in ihrem eigenen Zimmer. Sie will endlich richtige Pferde sehen und riechen. Aber das dauert! Erst müssen sie ihr Zimmer suchen. Dann müssen sie die Koffer auspacken.

Ihr Zimmer ist jedenfalls schön. Eine
ganze Wand besteht nur aus Fenster. Und
durch das Fenster schaut man auf eine
riesige Weide. Und dort sind Pferde.
Echte. Endlich!
„Da gehen wir hin", sagt Billi.
„Noch nicht. Erst mal Hände waschen", sagt
Mama.

„Und dann müssen wir was essen", sagt
Papa. „Ich fall gleich um vor Hunger."
Jetzt wird Billi langsam wütend. So lange
hat sie sich auf die Pferde gefreut. Nun
sind sie zum Anfassen nah – und immer
noch soll sie warten!
„Ihr müßt immer bloß!" schreit Billi.
„Immer denkt ihr
ans Müssen."
„Richtig", sagt
Papa lachend.
„Müssen muß
ich außerdem.
Und du gehst auch
erst mal zum Klo."
„Ich will aber nicht!"
„Sibylle!" sagt
Mama streng.

Jetzt wird es ernst. Billi kennt das. Erst ist
sie Liebling, dann Billi, dann Kind und
dann Libylle. Lie ist still. Lie geht zum Klo.
Lie wäscht sich die Hände. Ordentlich.
Lie geht mit Mama und Papa lange Flure
entlang zum Eßsaal.

Durch die Fenster dort sieht man mehr Pferde. Jetzt sind sie noch näher.

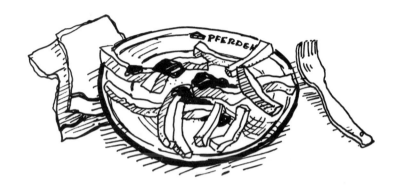

Weil es ihr erster Ferientag ist, darf Billi ganz allein bestimmen, was sie essen will. „Nur Pommes", sagt sie, „kein Fleisch, keinen Salat. Pommes mit ganz viel Ketchup."

Aber heute schmeckt ihr nicht mal das. Sie will nur hinaus zu den Pferden.

So viele Pferde! Links hinterm Zaun
grasen eine Menge großer Pferde, ganz
ruhig. Zwischen ihnen springen Fohlen
herum. Rechts liegen die Ställe. Auf dem
Platz davor laufen Leute hin und her,
Erwachsene und Kinder.

Und da steht eine altmodische schwarze Kutsche. So eine hat Billi schon mal im Fernsehen gesehen.

Ein Mann spannt gerade zwei Pferde vor die Kutsche. Daneben steht ein kleiner zweirädriger Karren mit einer Deichsel.

Ein großes Mädchen in Reitstiefeln und
mit einer Kappe auf dem Kopf kommt aus
dem Stall. Sie führt ein Pony am Halfter.
Ganz ruhig tut sie das.

26

So wie die möchte ich auch mal werden, denkt Billi. Sie rutscht aufgeregt auf ihrem Stuhl herum. „Guckt mal, da, nun guckt bloß mal!" ruft sie.

Mama und Papa lachen und sagen „ja, ja". Aber sie gucken gar nicht richtig. Sie essen und stoßen mit ihren Gläsern auf den ersten Ferientag an. Und hinterher müssen sie bestimmt noch Kaffee trinken. Das dauert!

„Wie schön, du hast deinen Teller leer gegessen", sagt Mama. „Jetzt gibt es noch ein Eis."

„Ich möchte lieber zu den Pferden!"

„Laß sie", sagt Papa. „Dann essen wir das Eis."

„Du hast Nerven", sagt Mama. „Billi kennt Pferde nur vom Fernsehen und von Bildern. Und wenn ihr was passiert?"

„Ihr passiert schon nichts", sagt Papa. „Da sind doch genug Leute, und die Gäule sehen alle lammfromm aus."

Mama guckt aus dem Fenster. Lange. „Ich weiß nicht . . ." „Aber ich weiß!" sagt Papa. Zu Billi sagt er: „Geh nur, wir schauen dir von hier aus zu."

Und Billi springt auf und läuft los und hüpft. Wie gut das draußen riecht! Nach Pferden und nach Gras.

Die alte Kutsche setzt sich gerade mit knarrenden Rädern in Bewegung. „Hü!" hat der Kutscher gesagt und ein bißchen mit der Peitsche geknallt, aber so, daß er die Pferde nicht berührt. Billi hat es genau gesehen, und sie ist sehr zufrieden.

Der kleine Karren steht noch da. Jetzt ist das Pony davorgespannt. Ganz allein steht es da und schlägt mit dem Schwanz nach den Fliegen.

Billi geht näher. „Hallo, Pony", sagt sie.
Das Pony dreht sich nicht mal um. Es
zuckt nur mit den Ohren. Wie ein Lamm
sieht es jedenfalls nicht aus. Klar, ist ja
auch ein Pferd. Papa weiß eben nichts von
Pferden.

Und fromm? Still steht es jedenfalls. Also
ist es lieb. Mal sehen, ob sie es schafft,
allein in den Karren zu klettern. Die
Räder mit ihren starken Speichen sind
sehr praktisch. Sie sind wie eine Treppe. Ein
Schritt und noch einer, und hoch das Bein,
und – schwupp – ist Billi im Karren.

Da liegen die Zügel. So was hat Billi noch
nie in der Hand gehabt. Sie zieht ein bißchen daran, wirklich nur ein bißchen.
„Hü!" sagt sie wie der Kutscher, aber ganz
leise, denn es soll ja nur ein Spiel sein.

Doch das brave Pony trabt los.
„He, noch nicht! So war das nicht gemeint!"
ruft Billi. „Halt an!" Sie zieht und zerrt an
den Zügeln.

Das hätte sie wohl nicht tun sollen. Das Pony wird schneller. Der Karren schaukelt, und Billi fällt um. Hilflos rollt sie zwischen den Karrenwänden hin und her. Es gibt nichts, woran sie sich festhalten könnte. Wie wild geworden jagt das Pony über Stock und Stein, genau wie es in dem Lied heißt.

„Nein, nein! Nicht!" jammert Billi. „Mama,
Papa, helft mir doch!"
Und von weit entfernt hört sie plötzlich
Mamas und Papas Stimmen: „Sibylle,
Billi, Kind, Liebling! Haltet das Pferd!"
„Mama, Papa . . ." Billi kann nur noch
flüstern. Sie ist ganz schwach. Hinter ihr
rufen und schreien nicht nur Mama und
Papa. Viele Leute rufen aufgeregt durch-
einander.

Da hört sie Pferdegetrappel hinter sich. Es kommt schnell näher. Und plötzlich taucht neben dem Karren das große Mädchen mit der Kappe auf.

„Keine Angst, ich bin bei dir!" ruft sie.
„Ganz ruhig." Und im nächsten
Augenblick ist sie drüben bei Billi in dem
Karren.

Das Pony, auf dem sie geritten ist, wird langsamer und bleibt zurück. Das Mädchen greift die Zügel und schnalzt mit der Zunge und gibt beruhigende Laute von sich.

Noch immer holpert und tanzt der
Karren über die Steine und Bodenwellen.
Aber er wird langsamer. Jetzt fahren sie
eine Kurve, und als Billi vorsichtig den
Kopf über die Seitenwand reckt, sieht sie,
daß sie auf den Pferdehof zurollen. Da
sind die Ställe, da ist das Hotel. Da stehen
eine Menge fremder Leute.

Und da sind
Mama und Papa!
Sie halten sich
eng umschlungen
und gucken, als
ob was ganz
Schreckliches
passiert wäre.

Billi reckt sich ein bißchen höher und
winkt. Aber die Knie zittern ihr immer
noch.
Das Mädchen macht „brrr!" und zieht am
Zügel. Pony und Karren kommen genau
vor Mama und Papa zum Stehen.
Die beiden stürzen heran und heben Billi
heraus.
„Ihre Tochter versteht wohl nichts von
Pferden, was?" fragt das Mädchen.
„Noch nicht", sagt Mama und drückt Billi
an sich.
„Aber bald!" ruft Billi aus Mamas Arm.
„Die Ferien fangen ja erst an."

1. Auflage in Schreibschrift 1989
© Carlsen Verlag GmbH, Hamburg 1989
Einband von Jan Buchholz, unter Verwendung einer
Illustration von Karin von Eickstedt
Lektorat: Ursula Heckel
Satzherstellung: Utesch Satztechnik GmbH, Hamburg
Druck und Bindearbeiten: Bercker Graph. Betrieb, Kevelaer
ISBN 3-551-53273-7
Printed in Germany